AF599674

Por el corazón nada pasa de largo

Por el corazón nada pasa de largo

Estrella Terrón Fernandes

TEXTOS
Estrella Terrón Fernandes

PORTADA
Lily Vainylla (@lilyvainylla_)

MAQUETACIÓN
Andrea Gómez Expósito

NÚMERO DE EDICIÓN
Primera

EDICIÓN
Postdata Ediciones

ISBN
978-84-19411-88-4

DEPÓSITO LEGAL
V-3987-2024

Gracias, papá, mamá,
por haberme enseñado a sentir de la forma más bonita,
con el corazón por delante. Sin frenos. Sin miedo.

Me ha llevado tiempo, pero aquí está.
Aquí estoy.

Prólogo

Del agujero más profundo y mágico salió,
lloró, creció y volvió a crecer.
Creciendo sigue.
Única.
Se transformó,
como una de esas que se vuelven mariposas,
y voló.

«Y vuela siempre alto», le susurró su alma aventurera.
Que conste que lo hace cada día.
Con su corazón lleno de personalidad
piensa en letras sueltas
y con sus manos de tiza delinea sus poesías.

Perfecta, sin casualidad y sin caducidad, es ella.
Camina, firme, con su sonrisa
escoltada por su mirada aún inocente.
Este es y será tu destino.
Palabras que llevan a páginas de ella
y que unidas forman esa estrella fugaz
a la cual un día pidió ese deseo.
Ella será esa, la que sube escalones al revés,
la que no para sus sueños en medio de pesadillas.
Es ella.
Eres tú, mía, ella, tú, mía,
y serás de todos compartiendo tus prosas,
tu esencia profunda convertida en letras,
tus palabras con sabor a poesía.
Llena de luz caminas,
y qué suerte tengo de que la disfrute caminando contigo.

Cómplice en tu don de escribir.
Me derrito de amor desde que naciste
y sigo haciéndolo en cada milésima de segundo.
Vive, sueña y disfruta…

Dicen que de tal palo, tal astilla. Este prólogo es tuyo, mamá. Las demás letras son mías, pero la inspiración ha tenido que nacer de algún sitio y no te diré de dónde, es demasiado obvio…

AMOR

A TAN SÓLO

Tú y yo.
El arte de encajar y temblar al mismo tiempo.
A tan sólo unas horas de desarmarnos debajo del nórdico.
A tan sólo unos centímetros de ver las estrellas aun con el techo puesto.

5 ESTACIONES

Acabé enamorándome de la **primavera**, pues pude percatarme de que ella, culpable de acabar con cualquier duda constante, plasmó todo sentimiento encontrado para hacer florecer un amor que se hallaba bajo los escombros de una tierra infértil, y cuyas raíces habían sido envenenadas con un puñado de mentiras; pero ella no fue la única causante de aquella octava maravilla, pues ahí estabas, agarrándome descuidada bajo la intención de que no echara el vuelo al son del viento, si no era contigo.

Acabé enamorándome del **verano**, pues formamos olas que nos abatían con las más tiernas caricias, revolviendo océanos y plasmando besos sobre unos fragmentos rocosos de tamaño minúsculo, los cuales terminaban delatando nuestras siluetas como un sueño en una noche de verano.

Acabé enamorándome del **otoño**, pues cada vez ocupabas un pedacito más grande hasta quedarte con el lugar que el sol ocupaba, apoderándote de su brillo, de su calidez; ya que preferías ser tú quien me iluminara, dejando así a las hojas secas de envidia, las cuales terminaban recostadas sobre ese suelo indefenso por el cual tanto paseábamos.

Acabé enamorándome del **invierno**, pues conseguiste congelar mi alma y resguardarme de todas mis lluvias como si fueras escarcha hasta llegar a la quinta estación, esa que, fruto de tu imaginación, te inventaste, ya que las cuatro a mi lado se te pasaban demasiado rápido.

NO VOLVEREMOS A SER COMO ANTES

Me jugaría el corazón al decir que no volveremos a presenciar aquel instante, ese al que, sin duda, pondría en bucle una y otra vida entera, sin dejar apenas hueco a lo que a un descanso o pausa se refiere. Ni siquiera para tomarnos el café de siempre ni para fundirme sobre tu pecho e inventarnos cada día ese futuro nuevo, el cual, posteriormente, quedaría tatuado sobre tus cálidas estructuras. Porque tú fuiste el primero que me vio llorar como una cascada; y, cómo no, si me enseñaste a bailar hasta en los días más nublados, esos en los que se es incapaz de observar con claridad, aunque tú y únicamente tú, sabías cómo ser mi faro.

Y sí, tal vez, los tiempos han cambiado. Tal vez ya no sigamos masticando poesía como antaño, pero, aunque no volvamos a ser o vivir como antes, no pretendo que nos convirtamos en unos extraños, como si todo lo relatado anteriormente se hubiera ido en vano. Pues, en realidad, pretendo ser tu pasado, presente y futuro, el cual quede anclado a un pedacito de tu corazón sin fecha de caducidad que valga.

No volveremos a ser como antes, pero pongamos las perdices de nuestro lado…

ELLA

Ella es mitad caótica y mitad huracán. Deambula cada noche por los rinconcitos de su mente en busca de cobijo, pues, al parecer, nadie posee la capacidad de comprender sus tormentas. Da paz, da guerra y su voz podría describirse como esa melodía que fue prohibida por el dolor que causaba en sus mejillas al pronunciar esa curva, la cual tan solo ella lograba elevar hasta delatar esos preciosos hoyuelos en cuyos orificios se es capaz de cultivar la más plena felicidad. Ella es de esas que eclipsan la mente, colapsan las entrañas y desordenan la cama; todo el sentir e incluso la vida entera, si se le antoja.

Ella es un terremoto en tu pecho, un hogar en tus brazos y ese nudo en la garganta que termina transformándose en una carcajada, pues posee una risa cuya sinfonía es capaz de traspasar tierra, mar e incluso ese silencio que vaga en la soledad. Logra robar segundos al reloj, ese que siempre va tan deprisa, pero que, sin embargo, ella consigue detener tan solo con mirar a sus pupilas. Sin duda, ella es todo esto y más, aunque hay algo que aún no te he dicho, y es que hay personas que merecen la pena… y luego estás tú.

Gracias por saber estar, y, sobre todo, gracias por saber ser.

LO MEJOR ESTÁ POR VENIR

A ti, que nunca te has enamorado; a ti, que no has llegado a ser víctima de ese verbo tan difícil de conjugar y del que todos hablan dentro de un incesante descontrol, pues, irrefutablemente, acaba sacudiendo el corazón de cualquiera que sepa pronunciar cada una de sus cuatro letras: A-M-O-R.

A ti, que aún no te hace falta anestesia en lo que a este sentimiento se refiere, ni aun habiéndote alimentado de falsas esperanzas, pues has terminado tragándote esa mentira insondable en la cual se relata que únicamente existen finales felices, cuando en la mayor parte de las ocasiones no se llega a presenciar ni la mitad del cuento. No importa, pues tú eres de las que se enamoran y aferran a lo imposible, hasta romperte y hacerte pedacitos de él, de ese chico que, no muy lejos de conoceros, aún no os han presentado, pero, tan repentina e inesperadamente, llegará dando bandazos, reconstruyendo los escombros que, un día, cayeron a tu paso. Esto solo tiene un nombre y se pronuncia: AMOR DE TU VIDA.

Pero, recuerda, nunca lo dejes ir, pues, sin duda, cambiará todos tus esquemas. Terminarás pensando que antaño no sabías qué hacer con tu vida y ahora no sabrías qué hacer sin él en ella.

FELIZ SAN VALENTÍN

Hoy he decidido traerte un beso en forma de texto, uno que te roce los labios y te sacuda el corazón como si de un huracán se tratase, hasta hacer descontrolar a todos y cada uno de tus latidos, pues vengo a destapar todo aquello que nunca antes me he atrevido a relatar. Cómo explicarte que los días que no estás te echo de menos a morir, quedándome así con las ganas de pillar el primer AVE que se pierda y descarrile en tus brazos; cómo explicarte que eres una noche de escalar por el pico más alto de allí donde habita la más tierna locura, esa del tamaño de tu nombre y, por si fuera poco, también de tus apellidos; pues qué esperas que te diga, si desde la primera carcajada supe que me encantaría pasar así toda la vida: diciéndote que seré yo quien prepare el desayuno y que tú me respondas que ya lo haces tú, que si quiero ColaCao… o con esos intentos fallidos de madrugar por las mañanas, pues, al parecer, una noche entera se nos cuela demasiado rápido por debajo de las sábanas.

Me desnudo de mente y me atrevo a confesar que por el corazón nada pasa de largo, y mucho menos cuando consiguen acariciártelo como si fuera terciopelo, pero a ti qué te voy a contar, con esa facilidad que posees para inundar mis hoyuelos con la más tierna felicidad, aun con todos esos kilómetros que se hallan de por medio. Y es que por tu culpa he terminado siendo adicta a todos esos mensajes de «buenos días» e impulsándome a pronunciar todos esos «te quiero» que antes me daba miedo a decir por no sentirlos de verdad y que ahora percibo que se me quedan cortos. Porque sí, porque te quiero, al igual que a todos tus miedos, al igual que a todas y cada una de tus tonterías que, junto a las mías, nos hacen ser jodidamente únicos y subnormales. Porque quiero más abrazos por las noches mirando hacia la pared, acurrucarme más veces en tu pecho para seguir soñando y que los verbos en futuro que tanto pronunciamos se terminen comiendo a aquellos en presente; pues si de algo estoy segura, y no pretendo equivocarme nunca, es que esto va para largo, o mejor dicho, para toda la vida.

RÁFAGAS A MODO DE REENCUENTROS

Viento del norte que se deja asomar por la puerta. Avanza hacia mí, al ritmo de mis latidos, como si de un suspiro en forma de vendaval se tratase, hasta dejar caer sus brazos sobre mis hombros, alejando así de un simple soplido esos centímetros que ayer se percibían de más y que hoy, a modo de abrazo, terminan sellando uno de los tantos cálidos reencuentros, cuyos únicos testigos para mí existentes no son más que las cuatro paredes de una casa compartida.

Un atardecer en la playa que acaba por iluminar aún más su silueta. Dos miradores, su antigua casa y un amplio recorrido por la ciudad, cuyo viento del sur nos toma como simples parabrisas de aquella moto que parece ser nuestro nuevo «carruaje». Un taxi en la plaza de la Merced. Risas al descubierto entre viernes y domingo que, inevitablemente, suenan a contrarreloj para ubicarnos allí donde se es capaz de respirar melancolía hasta llenar tus pulmones a causa de la huida de un fin de semana en forma de ráfaga, cuya intención más perversa se halla en redirigir el viento del norte.

Unas voces ausentes envueltas en un beso prohibido, unas palabras que terminan al descubierto bajo un fallido intento reconfortante y un «buen viaje» que acaba por incitar a reposar sus huellas sobre el largo andén, el cual asimismo le invita a llegar a su destino: Pamplona. Pero con la suave y dulce certeza de que, aunque se vaya, siempre habrá un viento del sur esperando otro de tantos fugaces y cálidos reencuentros, hasta que un día se desvanezcan, dejando siquiera un hueco al aire que pueda llegar a existir entre nosotros.

LAS PRIMERAS VECES

Conocí a un chico de corazón bohemio y loco, con alma de viento, que susurraba al mío sus intenciones de estrecharlo. Tal vez me sobraron horas para percatarme de ello, pues fue sentir su piel al saludarnos y saber que en ella habitaba la más tierna y atrevida poesía, esa nunca antes presenciada en mi vida, pero que, aun así, se las ingenia para ponerla patas arriba, haciéndote sentir viva. Así fue como me sentí la primera vez que nos vimos.

El reloj consiguió ganar a las horas, dejándose estas atrapar hasta situarnos en un sofá, el cual terminamos haciendo nuestro, aunque aquellos allí presentes no supieran de ello. Una película cualquiera que recordaríamos a mitad del cuento, haciéndonos así con dos sudaderas como símbolo de aquel día, voces de fondo recordándonos que no estábamos solos, aunque nosotros así lo sintiéramos; y unos dedos, los cuales se dejaban escurrir por el filo de nuestros torsos hasta desembocar en un encuentro poco fortuito. Así fue como se dieron nuestras primeras caricias.

Te invité a que la luna nos arropara juntos en esa noche en la que nos atrevimos a compartir sábanas y almohada apenas conociendo los nombres y pieles de cada uno; no sé por qué, pero a mí, por lo menos, me bastaba, pues fue tal la confianza, las ganas y la sensación de compartir tanto en unos días a los que les sobraban dedos para poder contar. Y no sé cómo, con tan solo la luz que desprendía la luna desde allí arriba, nos conseguimos encontrar, pero he de decirte que, a pesar de no ser mi primer beso, podemos estar orgullosos de haber demostrado que incluso las segundas veces pueden marcar más o igual que las primeras, pues cada persona nueva que llega a tu vida viene con el marcador puesto a cero, trayendo consigo otras mil primeras veces que cumplirá contigo.

Y así fue nuestro primer beso, algunas
de nuestras primeras veces
y las que nos quedan.

TU MERECIDA RESPUESTA

Recorriendo mis entrañas, la incómoda inseguridad de si esto va a ser para siempre o si, por amor, voy a tener que abrirle la jaula al pajarillo. Porque bello es su canto en la jaula, aunque más bello es su canto cuando en su melodía se aprecian los tonos de la libertad. Solo queda la posibilidad de que, abriéndole la jaula, decida quedarse conmigo, y eso solo es posible si la cuido como lo haría con un frágil pajarillo. La culpabilidad rebosa por los poros de mi piel, sintiéndome así como la última persona merecedora de su amor. Ella ha decidido, y no seré yo quien me aleje de su presencia si no me lo pide. La quiero, la elijo, pero soy incapaz de amarla como se merece. Intento estar a la altura, sin embargo, a la vuelta de la esquina está la misma piedra con la que no dejo de tropezar. No voy a dejar de intentarlo. Tengo que estar bien por ella. Por nuestros sueños. Por nosotros.

Un intento de prosa del que nunca obtuviste respuesta, o al menos una que yo creyera merecedora, por ser aquella persona que más que alas y vuelo me dio penas y alegrías con las que hacerme sentir viva, comerme el mundo de un bocado y a ti, de pies a cabeza o, como diría yo, de pies a corazón. Porque tener imperfecciones no es sinónimo de cortar alas, sino de ser humanos y abrir el paracaídas cuando todo se complica. Pues si algo es cierto, es que el amor es un incendio que se propaga por todos lados y yo, repleta de quemaduras, no veo la oportunidad de coger el extintor para que todo desaparezca bajo la espuma.

Así que, no te confundas, porque contigo me siento libre y salvaje, en todos los idiomas y en braille. Porque esto, más que prosa, son sentimientos, corazón y relación que, gracias al cómo somos, con las imperfecciones incluidas en el menú del día o el de para toda la vida, podemos decir que nos elegimos en todas las notas, algunas más bajas y otras más maravillosas; en todos los desayunos, comidas y cenas hasta rebañar el plato y, por si fuera poco, a nosotros mismos. Porque aquí no hay pajarillos o jaulas que valgan, aquí solo hay amor del que siempre gana, a espaldas de cada imperfección que nos lanza a salir por la puerta de atrás, cuando quedarse a luchar es la mejor opción y más si te lo pide el corazón. Y como diría nuestro Manuel Carrasco: «siendo uno mismo en cualquier parte», o como yo diría: siendo uno mismo el uno con el otro, pues no hay nada más sincero y real que querer a alguien con todo lo que lleva puesto.

Aquí tienes tu respuesta, la que creo que merecías.

UNA PAREJA DE LOCOS RAROS

Ella, quien se queda dormida poco después de empezar la película y no despierta hasta llegar a la cama para dar las buenas noches al que hasta ahora cree ser el amor de su vida. Besa y ríe al mismo tiempo. Da todo hasta su último aliento y guarda mil y una sonrisas para hacer frente a todo lo que venga. Delicada y extrovertida. Con manos de invierno y corazón de verano. Las miradas de sus ojos color café te mantienen despierto por las mañanas y son capaces de quemar todas y cada una de tus inseguridades. Merienda dos veces y le gusta comerse a carcajadas, pues qué real y bella suena esa melodía que sale disparada detrás de cada sonrisa. Jamás la veas llorar, pues algo en ti no quedará igual una vez caigan sus lágrimas. Refugio en su pecho, vida en sus besos y libertad, aun cuando te agarra de la mano. Google Maps de todas las curvas que recorren su cuerpo y que la brújula señala como octava maravilla. Tan apasionada. Tan ella y de aquel afortunado de tenerla cada día.

Él, quien retrasa el despertador todas las veces que se lo permite el reloj y más aún si compartimos sábanas. Guardián de todas mis risas, cazador de todas mis penas y desgracias. Positivo a más no poder y aguafiestas cuando, tanto las dudas como los miedos, salen a divertirse. Raviolis con mermelada, su última especialidad. Y que no falte su enorme y más sincera sonrisa, donde uno es capaz de columpiarse. Amar, su estilo de vida. Quien te saca a bailar sin importar si hay sol, lluvia o tormenta, pues cuando se trata de él, al final, siempre escampa. Miradas capaces de revolverte el corazón y descolocarte la vida si se le antoja; palabras que dan velocidad a mis latidos, dando así pie a saltarse cualquier radar que pueda haber en el camino. Planes improvisados de sábado por la tarde y Rara Bien de

Rupatrupa en cualquier parte. Tan impredecible, cabezón y de buen corazón. Tan loco, atrevido y lleno de luz.

¿Y juntos? Una pareja de locos raros.

Y así somos, como el minuto 2:33 de nuestra canción.

RECUERDO N.º 1

Un coche prestado y dos locos enamorados. Un banco de nubes navegando por el amplio cielo azulado y unos rayos de sol que, atrevidos y descuidados, se dejan asomar por la ventanilla hasta acariciar mis mejillas. Recuerdo que mi pelo era invitado a bailar al son del viento y mis ojos apenas podían mantenerse entreabiertos, aunque a veces los cerraba con tal de disfrutar un poquito más de todo aquello. Mis manos no siempre mantenían la misma posición, pero nunca cobraron centímetros de más con alguna parte de su cuerpo. Recuerdo no dejar de mirarlo y sonreír, aunque él no pudiera hacer lo mismo por estar concentrado en no salirse de unas líneas blanquecinas que a veces terminábamos pisando, y persiguiendo carteles, definidos por direcciones que alguna vez ya habíamos visitado. Recuerdo la radio escupiendo canciones antiguas, de esas que escuchabas con tus padres en el coche cuando eras pequeño, de esas que te suenan, pero que únicamente te dan para cantar alguna que otra estrofa o, simplemente, el estribillo. Un par de miradas y caricias más que acabaron por devorar a los kilómetros en bocados, hasta presenciar que ya habíamos llegado; entonces solo faltaba encontrar el único aparcamiento que quedaba en Málaga, tal y como nosotros dijimos, tal y como nosotros recordamos.

Y qué suerte la mía porque, al cerrar los ojos, aún lo siento tal y como sucedió aquel día, pues cómo no recordar nuestra primera vez en coche.

HACER EL AMOR

Dejemos que nuestras palabras envuelvan nuestro sentir y que tu pecho seduzca mi cuerpo hasta dejarnos caer en el sofá, pues, al parecer, este padece complejo de almohada. Retratemos el arte de encajar nuestras piernas en perfecta armonía, un arte a veces abstracto para aquellos que únicamente asemejan el placer carnal con cada estructura que da forma a las palabras «hacer el amor» y que no ven más allá de estar recostados el uno sobre el otro sin que la ropa se perciba como el rastro de los pasos dados hasta hundirnos en el sofá.

Y es entre tus brazos cuando me atrevo a desatar una bocanada de dudas, las cuales cobran vuelo por sí solas hasta que tú, dispuesto a todo, abres el paraguas para que no me vuelva a salpicar nada. Me escuchas, besas y abrazas sin llegar a nada más que desnudarme el alma, cosa que, para mí, lo es todo.

Conviertes mis suspiros en risas y a estas en la melodía favorita de nuestras mejillas. Sonreímos en silencio, nos lo decimos todo. Le cantas no una ni dos ni tres nanas a mis miedos, sino las que hagan falta hasta poseer la certeza de que ni el despertador les robará el sueño.

Y me cuidas, lo sé de sobra, por cómo me miras cuando crees que yo no lo hago, por cada beso en la frente que ha servido de tirita a mis murallas y por desvirgar mi alma haciéndome el amor cada día, como tú y yo sabemos.

Y todo esto, con la ropa puesta.

AMORES DE INVIERNO

Hay personas que aparecen un día de octubre con la intención de dejar la calefacción puesta para todo el invierno. Aunque yo, adicta a sus caricias, prefiera temblar de frío para así poder abrigarme con su piel. Y es que hay quienes dicen que existen personas que solo se quedan a invernar y que cuando se percatan de que la nieve cubre y empapa corazones y te congela el aliento, buscan cobijo en el cielo de cualquier paladar, aun sin saber la avalancha que se esconde tras sus besos de escarcha, esos que únicamente afloran bajo la nieve y que dan nombre a los amores de invierno. Pero hay quienes, cuando acaba la temporada, se desabrochan las botas, las dejan secar en el felpudo de tu casa para coger carrerilla y subir a cuestas la primavera, el verano o lo que venga. Hay quienes te invitan a un hotel de un millón de estrellas donde destaca la melodía sin pausa que cantan las olas, allí recostados sobre los granos de arena ya dormidos. Atravesar el campo amarillo de Antonio Machado, tal y como lo describe La M.O.D.A.; el despertar de los girasoles ciegos por el sol o el intento de guiarnos a base de carteles sin que el Google Maps nos lo chive todo. Hasta que un día, así, sin más, y derritiéndome a tu vera, nos demos cuenta de que de tanto pisar el acelerador, ya no se percibe el invierno, ni aun mirando por el retrovisor.

PELÍCULA DE SÁBADO Y DOMINGO

Un reencuentro marcado por el humo evaporado de todos mis lamentos, por aquel mal sufrir que te dejó sujetando tus cimientos cuando te dije que me marchaba y que hoy, tras desenvolver todo lo que llevamos dentro, me has agradecido.

Porque ya te conté que muchas veces es mejor irse que permanecer, que a veces tienes que soltar para no caer y abandonar el camino para dejar crecer. Sin duda, esto ha resultado ser nuestra bandera blanca o incluso se podría decir que nuestro kit de supervivencia ante los golpes que nos hemos dado cuando hemos ido agarrados de la mano. Y ahí estás, entre mis intentos de no espachurrarte a lágrima tendida, besarte de nuevo o robarte el aliento que a veces pierdo al soñar contigo, no obstante, recordemos que esto es un reencuentro y si lo es, lo es por algo.

Nos situamos allí arriba, en el mismo lugar donde hay que adivinar su camino cada vez que quieres llegar, captando así el reflejo de la luna que hoy alumbra todos mis sentimientos guardados en tu persona, al igual que hay millones de estrellas que me ayudan a hacer memoria. Y así, sin más, relatamos todo aquello que una vez resultó ser nuestro abrigo, concordando en que necesitamos uno nuevo, aunque del otro nos costara desprendernos.

Planes improvisados que nos llevan a calles entrecortadas por el paso de la gente, una ración de patatas devoradas desde lo más alto y un paseo hasta llegar a mi casa, donde el «te quiero» hacía retumbar las paredes. Un beso, o mejor unos cuantos, queriendo marcar el ritmo adscrito a mis latidos cuando a mi vera te tengo. Y no, no nos pongamos etiquetas, pues ya nos advirtió Rayden que los ojos son de quien te los hace brillar.

Sin duda, una película de sábado y domingo por la noche donde "Olvídate de mí" *de Jim Carrey formaba parte de la cartelera, pero sabíamos que nunca entraríamos a verla o que, si así fuera, la dejaríamos a medias.*

MIS GANAS DE CUIDARNOS

Hay quienes creen que el amor duele, que es sal en todas las heridas que escuecen y una barra libre de decepciones que a veces hacen perder la cordura hasta nublarte. Porque somos muchos los que hemos querido sin saber hacerlo, sin saber que el amor es ese avión de papel que nunca llegará a surcar el cielo en blanco y negro, sin saber que, cuando lo sientes de verdad, cubrirías un seguro a todo riesgo por el corazón de aquella persona que es capaz de provocar seísmos en tus entrañas, aunque eso implique no volver a besarla. Porque no, no la estás perdiendo, estás dando alas a aquella persona que amas, aunque su vuelo aterrice en los labios de otro. Porque cuando quieres, agarras pero no atas, pues el amor no entiende de cadenas ni de puertas cerradas.

Hay quienes creen que cuando el amor duele es puro y sano, aunque lo cierto es que resulta ser todo lo contrario, pues cuando se quiere de verdad no existen lágrimas suicidas colgando del acantilado que esconden tus ojos. El amor abre ventanas que lo iluminan todo, mojando así a valientes de sonrisas y caricias como si fuera verano, y cuyo punto de partida es la regadera, que desprende amor propio, con la que te riegas cada día.

Cuidar y respetar es la llave a todas sus incógnitas e incongruencias, pues te quiero libre y salvaje, que corras hacia lo que para tus sentidos aún es tierra desierta e inexplorada, que vivas sin límites, que marquen tu tiempo y al final del día nos reunamos en la cama. Porque tal vez el amor sea más paz que oleaje, una conciencia tranquila que jubila sus preocupaciones para irse a Benidorm de viaje y un intento de conjugar los verbos que más te arañan el alma en pasado. Diste caza a todos mis monstruos al mismo tiempo que yo te ayudaba a encerrarlos en la jaula y recompusiste mis esfuerzos rotos de sentir algo sano, dejando así que me enamorara de nosotros y de lo que hemos construido.

Y así, sin más, me coges de la mano y entiendo que entre tus dedos y los míos caben mis ganas de cuidarnos.

ASÍ FUE Y ASÍ ES

Te lo prometo. Haría de aquella noche mi sala de estar. Un sábado que no entiende de domingos o lunes. Supongo que las agujetas de mis miradas, de tanto correr detrás de las tuyas en tan solo lo que dura una cerveza… ya me lo advirtieron en aquel bar. Recuerdo que, cuando me viste llegar, no me esperabas. Lo reconozco, yo tampoco. Ni nada de lo que vino después, a pesar de que acabase significando un todo. Tus labios se levantaron del sofá para acurrucarse junto a los míos. Y, a pesar de que en ese momento dudaste, no me importó que aún no hubiéramos hablado de «primeras citas» o si apenas acababa de conocer tu sonrisa que destapaba algunas intenciones de más. Fue improvisado y, ¿sabes una cosa? Que al mismo tiempo que asusta, te hace sentir viva.

No lo sé. Tal vez hacía demasiado frío en aquel túnel como para dejar un espacio de más entre nosotros. Tal vez me dejé llevar y, al final, me terminaste llevando contigo a pesar de que hubo despedida.

Me dijiste que me escribirías sin saber que, aquella noche, yo ya te había leído y que, aunque solo fuera por un rato, sabía que iba a terminar pensándote todo el tiempo. Así fue y así es. Te lo prometo.

DESAMOR

Ven. Acompáñame. Sé parte de estos cimientos, de estas páginas de ensueño que, queriendo o sin querer, no lo sé, terminaron como únicos testigos de todas aquellas promesas incumplidas, deseos agotados, sueños rotos, decisiones mal tomadas y caídas al vacío que mi piel había rozado junto al precipicio del que podríamos haber sido.

REFUGIO

Hace un tiempo que empecé a escribir, demasiado diría yo, para que muchas hayan sido las veces que he tropezado con el vacío de tus palabras, a pesar de conocer cada tilde, cada sílaba, cada verbo de cuyo significado he sido víctima por creer en cada una de tus acepciones. Mis lágrimas son hoy estos versos que tu ausencia nunca podrá borrar. Tranquilo, no vengo a hacer ruido, pues ya estoy llena de silencios que me hacen mucho ruido, simplemente permaneceré escondida tras unas palabras que, más que tú, fueron y son mi refugio.

¿POR QUÉ DECIDÍ ESCRIBIR(TE)?

Solo busco la ironía; plasmar la verdad que siente ser inalcanzable; comerme los miedos e inseguridades, aunque eso implique quemarme la garganta dejándola al rojo vivo. Y qué suerte, porque tú fuiste el único que consiguió despertar a mis demonios, y no te hablo de unos cualquiera, sino de aquellos que nunca antes nadie había presenciado. Me hiciste temblar en todos los sentidos, haciéndote así vulnerable y pudiendo así caer en los enredos de mi mente. Terminé en ruinas, y desde que dejaste tus huellas plasmadas sobre mi cuerpo he adquirido la habilidad de tropezarme con los mismos que, antes, eras incapaz de encontrar: mis defectos, como si de una rutina se tratase. Escribiré tu nombre en estas páginas. Dejaré así que tus palabras se desvanezcan de mi conciencia y que tu imagen sea pura coincidencia. Contaré mis pasos para no volver a caer en el agujero negro del «tengo ganas de ti».

PEDACITOS DE MÍ

La observaba con disimulo, lo que antes era brillo en sus ojos se había convertido en una mirada perdida, con rumbo desconocido. La notaba intranquila, deseosa de salir de aquel lugar cuanto antes y desaparecer entre la multitud. Las pocas palabras que fabricaban sus labios distaban de ser poesía como antaño. Su mundo se encontraba en ruinas, descompuesto sin ninguna posibilidad aparente de cambio, pues de cada uno de sus escondrijos renacía nuevamente el miedo, filtrándose así por las rendijas del cielo como si de humo se tratase. Deambulaba sin brújula, pues en ese momento pensaba no ser necesaria, estaba perdida en un mundo donde la atmósfera rebosaba de pequeñas gotitas que siempre parecían tener el mismo fin: dañar sus mejillas. Por último, observé cómo sus manos paseaban por un cuerpo inconcluso, lleno de ataduras causadas por las inseguridades y la baja autoestima. Y digo observé, por miedo a reconocer que aquella misma chica de pelo largo, la cual se contemplaba en el cristal de un delicado espejo, presentaba mi misma apariencia. De lo único que estaba segura era de que me encontraba en el más profundo abismo. Fue ahí cuando decidí romper cada fragmento, pues prefería estar rota, prefería exhibirme tal y como soy, prefería demostrarte cómo poco a poco fui haciendo mío cada pedazo, por muchos cortes que quedarán marcados en mi piel, decantándome así por unas cuantas huellas pequeñas que una grande y duradera: la tuya.

P. D.: Decidí tratar de ser fuerte. Simplemente, dejé que aquello con lo cual conseguías tambalearme formara parte de los escombros de ese mundo en ruinas, para mí sinónimo de: nuestro mundo.

CICATRICES

Un pie deja una huella,
la voz un eco.
¿Qué deja un beso?

Deja, sin duda, impresa la marca del amor profundo,
de la pasión desbordada y del sueño anhelado.

Te deja aspirar a ese tipo de beso valiente,
de roca que encierra pasiones de amor perdido,
sin miedo a chocar con los otros extremos opuestos
que tanto tiemblan de codicia
cuando sienten incluso el más mínimo roce.

No me basta con tocar el abismo o la mismísima caída
de la ausencia para desatarme de la fuerza de tus besos.

Y es que tras plasmar estas palabras insondables
de las cuales no encontraba un significado lógico
para describir lo que siento, reconozco que,
únicamente tú, no te mereces
ni el sello de mis labios.

Dime, ¿me equivoco?

(A)MAR

Poco se habla de las veces en las que es mejor irse que permanecer, de las veces en las que tienes que soltar para no caer y abandonar el camino para dejar crecer. Porque no es fácil desprenderse de todo, y mucho menos de esos «te quiero» que se mantienen encerrados entre los ecos de tu nombre. Porque me resulta difícil escribir bonito cuando hay más dolor y lucha que alegrías, pero aquí estoy para decirte que si me marché no fue para dejar de ver nuestras sonrisas, sino porque sé que después de la tormenta habrá tantas que nos hundiremos en un mar repleto de felicidad, que las olas se llevarán los recuerdos amargos y permaneceremos nadando juntos como si nunca nos hubiésemos ahogado, pues cuando algo o alguien es de verdad, no hay despedida que valga.

Qué triste que nos hundiéramos antes de intentar salir a flote; quedando así sumidos en un intrincado mar profundo, cuyo único fondo existente se haya conformado por las más amargas y codiciosas lágrimas, y cuyo único salvavidas son aquellas inseguridades de las cuales no lograbas desprenderte.

7 DE SEPTIEMBRE

Palabras inconclusas, emociones al galope, sin control; pensamientos atropellados, cuestionando todo lo aprendido; y una mirada intranquila que se ve delatada por la transparencia de la ventana. Dos lágrimas furtivas, con sabor a impotencia y un toque de esperanza, las cuales terminan «desembocando» sobre la almohada a la que, en busca de consuelo, agarraba descuidada. Aquí estoy, donde me dejaste, envuelta en las mismas sábanas que fueron testigo de aquellos terremotos de caricias en la cama, pues ahora, únicamente, mi respiración es lo que traspasa el silencio, acompañado de unos sentimientos que me inundan, entran en mi piel provocando un pequeño escalofrío que termina recorriendo cada parte de mi extensa y frágil figura a causa de unas palabras, las cuales, esta madrugada, se escurren por cada rinconcito de mi mente; resonando así los ecos de su nombre, del mismo chico por el que mi corazón palpitaba cada vez más rápido, pues, al parecer, esta historia no tiene un punto final, solo suspensivos…

Esa noche me percaté de que, a veces, los recuerdos no son más que uno de los miles de momentos inolvidables que permanecen llenos de cicatrices y que, otras veces, se transforman en huellas imposibles de borrar. Tú, por desgracia, eres una de ellas.

ENCENDIENDO LAS ESTRELLAS

Te sentí perdido en las constelaciones de mis lunares, pero tenía la sensación de que conocías mi espalda tan bien como la tuya, pues aun con el mínimo roce de tus labios, los cuales se reposaban sobre mis delicadas y tiernas estructuras, conseguías desorientar todos mis sentidos, descifrando así cada palmo, cada esquina, que, víctimas de todas aquellas sensaciones placenteras, terminaban despejándome del sopor de una noche no dormida; pues aquellos bailes a escondidas tras mis labios delataban la devoción que se manifestaba en todo nuestro sentir, medianoche, que se colaban bajo las sábanas y aquellas palabras prohibidas que impedían la existencia de un ambiente sórdido y calmado.

Únicamente tú y yo, cual aventureros, percibiendo cada una de mis coordenadas, dejando así al descubierto cada parte de este enigmático mapa, cuya leyenda me pertenece y cuya simbología lograbas descifrar hasta tropezar con cada una de mis eses. Así, el cielo grisáceo, blanquecino, compuesto por unas gotas heladas, quedaría como segundo testigo de todo aquel amor una vez desprendido.

No es quien te enciende,
sino quien sabe mantenerlo y
hace de tu brillo uno incapaz de sofocarse.

A DESTIEMPO

Un último vals fue lo que te concedí para que sacaras a bailar todo aquello que nos paralizaba y que, a su vez, nos impedía avanzar, pues ahora tus labios traducen en besos un idioma en el que ya no consigo hablarte a causa de este destiempo que hoy ha terminado por marcar nuestro baile. Un paso en falso improvisado, el cual se deja llevar hasta pisar mis ganas justo cuando me alzo para acariciar las tuyas, pues si algo hemos perdido es el ritmo, así que, ¡ven, gírate!, y dime qué ha sido. No hace falta que te des prisa, hace mucho que las canciones te cogieron carrerilla, haciendo así de sus letras tu respuesta a este túnel sin luz en el que nos quedamos a acampar, pues te demoraste en buscar su salida; ¡cómo no!, si nos movíamos a destiempo.

Decidiste quedarte, aunque eso te llevase a perder el equilibrio y soltarte de mi mano. Un, dos. No hubo tres, no hubo más pasos, sino una pausa consecuente de mis palabras perdidas en la penumbra del silencio con las que pretendí obtener tu perdón, pues te dije que no era nuestro momento, que tal vez más adelante haríamos florecer en nosotros hasta las notas más deslumbrantes, pero no nos di opción a ello, pues mi corazón ya se mecía al son de alguien que, a diferencia de ti, no le importaba bailar bajo la lluvia.

Lo siento, quizás no era el momento, quizás no eras la persona.

A 545 CARICIAS DE DISTANCIA

He presenciado amores perdiéndose en la lejanía, desgastándose a causa de unos números que, más que marcar kilómetros, son capaces de dejarte las espinas clavadas. Pero este amor únicamente pertenece a los valientes; esos que sostienen sobre su pecho una armadura de acero inolvidable, pues deben hacer de su coraza una compuesta por los más tiernos y suaves recuerdos, saber enfrentarse al «dónde andará», aferrarse a sus «buenos días» y a una pantalla que, con la más mínima sonrisa provocada, es capaz de subir el brillo de esta, pues cuando a distancia se refiere, debemos aprender a querer bajo la ausencia de cada roce, del anhelo de cada beso y de cada caricia, aunque por puñetera que resulte, en ocasiones, posee la capacidad de unir aun sin tocarnos, pues se trata de arriesgar y comerte a besos esos 545 kilómetros de más.

"Por desgracia", fuimos unos cobardes a los que la distancia terminó devorando.

SONRIENDO A PEDAZOS

Un punto y final que se deja acariciar por ese punto y seguido que un día lograste camuflar, y que una vez más termina revolviendo ese mar que me dejaste incrustado dentro en forma de tsunami. Porque más que el Titanic fuimos un iceberg, pues qué esperas que te diga si ni desde la primera mirada conseguimos salir a flote, pues fue tocar el hielo y percatarme de que, verdaderamente, no había cambiado nada.

Un mensaje con sabor a esperanza, envuelto en un intento de salvavidas que, a su vez, delataba ese punto y seguido antes mencionado y hasta ahora, para mí, ubicado en otra historia sin peligro de extinción:

¿Nos vemos? Necesito hablar. Necesito pasar página.

No sé si fue la magia apoderándose de mis ganas de reinventarme en estos nuevos 365 días que hace apenas un suspiro se dejaban asomar por el filo de mi espalda, si simplemente fue puro impulso o, tal vez, aún quedaba algo por perdonar, mas accedí.

Era domingo, quedamos a esa hora de la tarde en la que el sol no te deja tener los ojos más que entreabiertos; a esa hora en la que, irremediablemente, uno es capaz de perderse en un océano rebosante de personas, pero allí estábamos, con una roca de asiento y tus ganas de romper el hielo.

Y hablamos, recordamos e incluso reímos después de habernos hecho tanto daño; si con algo debo quedarme de aquel día, es con que fuimos capaces de perdonarnos todas aquellas cicatrices, las cuales nos advertían a gritos que, un tiempo atrás, nos quisimos mal, de menos y a mitad; haciendo así de ello nuestra seña de identidad.

Un año y medio juntos, otro separados y
un nuevo reencuentro en el que pasé a sentirte como
un auténtico desconocido, a pesar de lo tanto una vez vivido.

UNA RÁPIDA ATRACCIÓN DE FERIA

Una lágrima que se deja asomar por la ventana de mi ojo hasta que, en un intento de arrasar con todo, termina deslizándose por mi pestaña como si de un tobogán se tratase. Tal vez la canción que hace retumbar a mis oídos sea quien la ha empujado por la espalda junto a unos pensamientos que no hacen más que impulsarme a arrugar las sábanas a causa de las vueltas que doy en la cama. Tantas como aquella noria de al lado de casa, esa a la que te morías de ganas de subir conmigo para prometerme las estrellas o la galaxia entera si hacía falta, pero esos sueños de los que tanto me hablabas terminaron bajándose por el vértigo que tú mismo les provocabas.

Y vaya golpe, peor incluso que el que nos dimos en los coches de choque. Ya nos lo advirtió la montaña rusa, que serían un par de vueltas con las tripas a rebosar de mariposas y el corazón pagando multas debido al exceso de velocidad que provocaban sus latidos. Dos vueltas cortas o dos semanas, como tú lo prefieras llamar, en las que nos creímos ser una atracción de feria, con los sentimientos a ras de las nubes, hipnotizados por aquella adrenalina que nos incitaba a gritar, a decirnos todo en voz alta sin miedo a nada, ni siquiera a las bajadas o a las alturas que en otros momentos, tal vez, nos hubieran comido a dudas. Dijiste que esto era real, que esta vez te lo tomarías en serio. Y así fue. Tanto que nada más bajarnos y observar el cartel de salida no volviste a aparecer por allí y tampoco por mi vida.

¿Y el paraguas que te dejaste?
Se lo regalaré a mis mejillas para que la tormenta
de mis ojos no termine por dañarlas más a causa de tu huida.

SOMOS EL POLVO QUE DEJAN LAS PERSONAS FUGACES

Una mirada puñal a tiro de mis ojos, cómplice del disparo de unas palabras suicidas, ya antes esculpidas por sus labios, y que, una vez más, me perforan el pecho hasta llenar de dudas mi corazón, pues, al parecer, se halla lejos de bombear cualquier posibilidad existente acerca de si sigue siendo a prueba de balas y, más ahora, después de haber hecho sonar a mis campanas de nostalgia, las cuales mecidas por su amargo aroma se dejaban azotar por el aire hasta anunciar una segunda despedida.

El amor se esconde, no quiere mirar, despojándose así de toda armadura hasta dejarse atravesar por su fiel enemigo: el desamor, culpable asimismo de otra de mis puñaladas. Las mariposas huyen en busca de otro estómago donde poder revolotear sin descanso; donde no perciban la posibilidad de convertirse en gusanos, pues, al fin y al cabo, no lo podemos evitar, somos el polvo o la esencia, da igual cómo lo quieras llamar, que dejan las personas fugaces, esas que te demuestran que de las «no perdices» pueden salir los «érase una vez» de otras historias; donde hogar no pase a ser sinónimo de la rutina por la que nos dejamos arropar y donde los truenos no sean símbolo de nuestro himno nacional, ese en el que nos refugiamos cuando la vida más gris se vuelve.

A pesar de todo, vengo a decirte que, aun acumulando pólvora en cada una de tus arterias, no dejas de ser dinamita, pues qué guapa te ves sonriendo a pedazos y qué valiente por no necesitar de nadie para poder reconstruirlos.

Aquella noche les pedí perdón a las estrellas, pues él hizo de mis deseos pedidos polvo y de mis anhelos consuelos, aun así no es algo que me revuelva las entrañas, pues a diferencia de él, poseo la certeza de que los fugaces somos nosotros y no ellas.

ALGÚN DÍA

Pretendí ser inmune al mundo y a todo aquello que me rodeaba, pues demasiado tiempo entre malas hierbas terminó pudriendo el último pétalo de la margarita por la que un día nos dejamos conquistar hasta desvelar el «no me quiere», el cual conseguiste ocultar detrás de tantos inviernos, esos donde nada florecía a causa de hundirnos bajo tierra y entre las espinas.

Y fue ahí cuando me percaté de que ni los tréboles de cuatro hojas ni todas esas pestañas que caían descuidadas sobre mis mejillas hasta cobrar vuelo, deseosas e impulsadas por la suave brisa de mi aliento, que abatían a las yemas de mis dedos, no bastaban para arrancarme de raíz y florecer de nuevo; tenía la certeza de que algún día terminaría de subrayar las páginas de un libro sin que resaltara su esencia y de que terminaría seduciendo aquellas inseguridades por las que me dejaba conducir hasta ser tierra de nadie, pues hasta los miedos tienen su punto débil, quizás difíciles de descubrir, pero no imposibles de combatir. Tal vez, por ti mismo y solo algún día, los dientes de león, al igual que las pestañas, cobran vuelo, aunque no curan heridas.

Recuerda que a veces necesitamos
ser tierra de nadie para poder crecer, o mejor dicho,
tierra de ti mismo, mas no te preocupes
si ahora no ves la oportunidad de ello, algún día…

HASTA QUE LAS LETRAS NOS SEPAREN

Hoy me hallo lloviendo por dentro a la par que el cielo me acompaña, dejando así al descubierto la causa de mi sentir, de aquella vez que me lancé al vacío aun sin poseer alas, pues, al parecer, me he vuelto adicta a saltar sin saber, y todo esto bajo la certeza de que te hallaré allí donde los recuerdos acaben por anclarse a mis pulmones, allí donde se adhieran a mi garganta hasta quedar delatada esa voz que, aun rota, es capaz de sacudir su último aliento y luchar contra viento y marea a fin de que unas lágrimas, con sabor a tu nombre y apellido, no terminen provocando una avalancha por el desfiladero de mis mejillas.

Ven. ¡Acércate y no te vayas!, pues vengo a decirte que me alegro de haber superado esas palabras vacías que tanto divulgabas hasta dejar taponados mis oídos, de alejarme de aquel corazón, el cual más que mi refugio, parecía asilo; de empezar a coser unas heridas, las cuales un día observé tan al rojo vivo que llegué a alcanzar el ingenuo pensamiento de que nunca llegaría a aparecer costra; aquí está, haciéndonos compartir carne con carne, pues tal vez ya no exista un nosotros que nos conforme, pero aquí sigo, escribiéndote, y mientras siga depositando palabras sobre el papel, puedo decirte que no pondré fin a ello hasta que las letras también nos separen; aunque te lo advierto, no dejaré que estas se desprendan bajo la facilidad del olvido, pues aún me quedan muchas cicatrices por relatar y tú serás el protagonista de todas ellas.

RESILIENCIA

A PRIMER OÍDO

Lo cierto es que hay quien cree en el amor a primera vista; yo, después de todo lo que me han contado sobre ti, aun sin haber escuchado latir tus calles, aun sin haberme percatado de tus días color sol pintados sobre tu silueta, sobre tus esquinas e incluso pasos de cebra, diría que me he enamorado a primer oído. Y quien lo dice de una ciudad como Lérida lo dice de una persona como tú, la cual no hace mucho volvió a colarse en mi vida; y, sin yo haber firmado nada, alquiló una de las parcelas más grandes de mi mente, con opción a compra.

Sabía que, a pesar de que mi billete de AVE me conduciría a tu ciudad, no te vería, pues estabas estudiando fuera. Al igual que no serías tú el que me llevaría a ver el castillo, a pasear por la calle Mayor y que todos esos planes quedarían guardados en el desván desgastándose a causa del polvo; si algo debo confesar, es que en cada uno de mis pasos me acompañaba tu esencia, pues, sin duda, no eres un chico cualquiera, sino el que le da sentido a esta preciosa ciudad.

Y cómo no, todo lo bueno se acaba. Me fui, con la sensación de que cada metro en el que el tren se abalanzaba sobre las vías, a una velocidad en la que al mirar por la ventana parecía que los árboles huían, mi corazón palpitaba cada vez más despacio, pues conforme yo me acercaba a mi destino, tú estabas cada vez más lejos de poder darle cuerda.

Y no, no fue una despedida, pues no se puede llamar así a aquella circunstancia,si aún no nos hemos conocido. Dime, ¿a qué esperamos?

¿QUIÉN SOY?

La conocí en diciembre. Con dos copos de nieve como ojos, los cuales te sugerían encender la chimenea, pues tras nueve meses reposando la cigüeña en su tejado ya era hora de hacer las maletas y marchar hacia otro lado. Y así, sin más, el tiempo persiguió su vuelo, terminando asimismo perdido entre las manecillas del reloj de su vida. Transformó a la inocencia que solía invadir su mundo por unos cuantos golpes de realidad que, a día de hoy se podrían traducir en algunas de las mayores hostias de su vida; también en aquello que la hace ser única, maravillosa y, sin duda, rimar con todo. Y es que de lo poquito que he conocido de ella en estos últimos dieciocho años podría relatarte que: le encanta decir cosas sin sentido, reírse de ello, que le sigan el rollo y termine marcándose un dueto de carcajadas sin importar quién esté a su lado. Que una bolsita de té de manzanilla siempre le sabrá a poco y que dos nunca serán demasiadas o que seguirá apuntando el número de las páginas que le han provocado algún tipo de inspiración y que, cuando decida tomar un descanso, sacará la postal de su ciudad favorita, quedando así Lisboa como guardiana de unas letras a modo de marcapáginas.

Y como si de un acertijo se tratase, te diré que no soy ni la cigüeña ni el tiempo, al igual que te diré que no sabría si a esto se le podría llamar serendipia, pues poco a poco me voy encontrando a mí misma.

RECORDATORIO

Nunca le regales al AMOR un diccionario, pues a pesar de que padezca de poca inteligencia o presente indicios de ser un ignorante, este no entiende de razas, sexo o de cualquier otra condición.

TENGO UNA PREGUNTA QUE HACERTE

Antes te temía. Cuando te miraba con malos ojos y te despreciaba por ser esa armadura ante lo desconocido, lo externo y lo que te hace sentir vivo; por ser la excusa perfecta que me mantenía atrapada entre tus garras frías; por ser la oscuridad de casi todos mis amaneceres. Intenté alejarme, hacer ruido para camuflar todos los silencios que sacaban a pasear a mis pensamientos con complejo de Titanic y que a su vez terminaban por inundar mi mente cada madrugada hasta quedarme dormida y expulsar lo que quedaba de agua salada por el desagüe que formaba el lagrimal de mis ojos. Tropezar contigo no era complicado. Me invitabas a tomar café con la intención de que aquello que me removía por dentro terminara salpicando sal en mis heridas, pues no eras de ofrecer azúcar o sacarina.

Lo entiendo, pues por aquel entonces eras esa estación desolada en la que nunca me hubiera bajado. Pero el tiempo pasa, se pierde entre los granos del reloj de arena hasta caer el último y vuela al son de nuestros sueños como un avión de papel que, en ocasiones, pierde su rumbo entre las nubes grises y este, incapaz de mantenerse en el aire, cae en picado.

Ahora, náufraga de una zona con acceso restringido por su ambiente catastrófico, cuento hasta tres atardeceres y algunos gritos de auxilio que se han quedado dormidos en los remolinos que embisten al viento a la espera de que alguien despierte con ellos. No hay respuesta. Ninguna mano tendida que quede alejada de ser una utopía. Me refugio en mí misma, pues parece ser el único sitio habitable, lejos de tempestades que duelan y maletas que pesan, dejándome así marcas en el costado.

Hoy huyo allí donde nunca quise que me conocieran, donde tomas la conciencia de qué corrientes debes esquivar para que no termines en tierra desconocida, y donde comprenderás que no precisas de nadie para salir por la puerta grande de tu vida. Y es que de vez en cuando me escondo en esa misma estación de la que una vez hui y que ahora visito como forma de terapia. Querida soledad, tengo una pregunta que hacerte: ¿borrón y cuenta nueva?

SER UN ALMA LIBRE

El aire empapando tus pulmones. Verlo brotar por cada poro de tu piel sin necesidad de emplear un filtro que atrape todas las impurezas que conlleva el estar vivo. Desde las pesadillas que te cortan la respiración cada noche, hasta ese amor que creías que aguantaría el vendaval y que terminó arrastrándose a ras del suelo, recordándote así que la vida no es perfecta. Recordándote que el aire no entiende de cadenas ni de puertas cerradas, a excepción de cuando necesitamos soplar para desprendernos de ese remolino que alguna vez nos ha dejado caer en una espiral de pensamientos que nos alejan de toda la calma mental existente y que nos empuja a escondernos allí donde nadie más que tú se atrevería a buscar: en uno mismo.

Porque para ser libre no basta con mirar al cielo y esperar sentados hasta que una estrella fugaz decida hacer de nuestro deseo el suyo, pues para que la libertad pique en el anzuelo de tu vida debes dejar de perseguirla y quemar esos carteles de busca y captura con recompensa, para que así esta deje de sentirse como una fugitiva y comiences a dominarla. Y ten cuidado, pues habrá quienes intentarán darle caza, secuestrarla para hacerla salir por la puerta grande e incluso habrá quienes la acompañarán a su exilio con tal de que, al mirarte a los ojos, no delaten sus ganas de quedarse a dormir para siempre en tus adentros. De verdad, ten cuidado, pues eso solo se combate queriéndote hasta la médula, y muy pocos saben hacerlo.

Y lo que muchos tampoco saben es que la mejor recompensa es que un día, imitando el delicado vuelo de una mariposa, la libertad repose suavemente sobre tu corazón y te conviertas en un alma libre.

EYELINER

—¿Pero tú te has visto? —me dijiste mientras tu barbilla se hacía hueco entre mi pecho, en tanto que tus ojos, como si de dos bolas de cristal se trataran, me dejaban ver más allá de lo que tus labios tímidos no se atrevían a relatar, y, al mismo tiempo, tus manos se tiraban río abajo, dejándose así llevar por el meandro que formaban mis caderas hasta que una de ellas, contra viento y corriente, se alzó para hacerme entender que me mirabas desde un sitio más elevado.

—Te acostumbrarás a mí, a mi cuerpo y puede que hasta el café calentito de todas las mañanas se termine enfriando con el peor invierno. Dejarás de mirarme desde tan lejos —te respondí con una de las mayores verdades estaca, de esas que te dejan el corazón agonizando a causa de las astillas que desprenden.

—Eso lo dices porque aún no me conoces lo suficiente. El primer día que te vi llevabas un *eyeliner* increíble y al día siguiente más maravilloso todavía.

—Pero hoy llevo uno diferente.

—Cierto, es diferente, pero eso no significa que me guste menos.

Y desde entonces he tonteado con la idea de que eres ese «casi algo» que me cuida, que pase el tiempo que pase, y pese a las tormentas que puedan nublar mis adentros, me recuerda que valgo un TODO.

FLECHAS DE CUPIDO

Si tuviera que hacerte un piropo te diría que vistes como el viento, por la tranquilidad con la que te atreves a abrir mis ventanas y sacar libres todas aquellas palabras o historias que comenzaban a coger polvo por no haber vaciado antes el desván de las heridas.

Si por un momento dejase de estar tan llena de pasado y algo hueca de presente, te diría que he aprendido que se puede echar de menos a algo que aún está por definir, que aun sin saber qué somos me haces querer ser tanto conmigo como contigo.

Si tuviera que confesarte una de las mayores verdades te diría que por el corazón nada pasa de largo y que sé que detrás de tus abrazos se esconde algo mucho más grande que una tierna caricia entre dos cuerpos, como un «tú también me importas», por ejemplo.

Y sé que no me equivoco, pues ya sé que hay algunas flechas de Cupido que se manifiestan por gestos y otras por palabras. Al igual que sé que tú eres más de lanzar las primeras.

KOI NO YOKAN

En la cultura japonesa, se llama *Koi No Yokan* al sentimiento que posees cuando conoces a alguien y sabes que te vas a enamorar perdida e irremediablemente de esa persona. Pues déjame decirte que fue verte y sentir que había una primavera creciendo en mi pecho. No sé si fue el bosque abundante y revuelto que sostiene tu mirada o el pelaje oscuro que envuelve tu pequeño pero salvaje ser con virutas blancas capaces de encender mi alma cada vez que te veo dormido en el sofá de casa.

Recuerdo cómo el día que fuimos a recogerte nos agradecieron que te diéramos un techo bajo el que vivir; lo que ellos no saben es que te has convertido en mi hogar después de tanto tiempo acurrucándote en mi regazo, saboreando las tardes de siesta y de haberle ganado a las ojeras de todos los desvelos que te había dedicado, pues durante los primeros meses el oírte respirar se convirtió en mis «buenas noches». Y sí, sé que no me entiendes. Mejor. Pues si escucharas alguno de los motes con los que me he referido a ti sabrías lo que es tener una buena «resaca de amor». Así que, así, sin más, gracias. Por enseñarme a ser precavida, pues un paso y ¡zas!, me coges por banda, adornando así mi piel con estampado de circulitos y al gusto de tus mordiscos. Por ser el guardián de unas murallas patrocinadas por todo el cariño que te damos y con una puerta blindada para que nunca llegue a tiritar.

Hay quienes pensarán que únicamente se puede atribuir este término a las personas; cómo no hacerlo si eres y has sido el arquitecto que ha dado una nueva perspectiva a mi vida y que, por ello, quiero que te quedes con un contrato de jornada indefinida…

AVÔ

Hay caminos que te hacen retroceder cuando los recuerdos amargos salen a jugar al escondite para que así, los buenos momentos, esos sin cámara, salgan a tomar el sol después de pasar un tiempo en el armario de «recuerdos perdidos».

Hay demasiados porqués en mi vida, pero sin duda, el que más me ha hecho tambalear hasta desorientarme, y me ha hecho llorar a mares, océanos e incluso a cataratas, es el por qué tú, mi estrella guía, has cambiado de rumbo hasta situarte allí arriba, donde los abrazos no llegan a alcanzarte y donde las palomas mensajeras se quedan a mitad de vuelo. ¿Por qué? Si aquí abajo no hacíamos más que arroparte, darte vino del bueno hasta sonrojarte y hacerte reír hasta romperte; mas lo cierto es que nos has dejado con el deseo de quedarte un poquito más colgando de nuestras heridas y escuchando *Si te vas* de Extremoduro, recordando así que no habrá un viaje de vuelta que permita abrazarnos, aunque sí que aterrice en la pista de «soy eterno», reservada desde hace tiempo a nuestros corazones, a tu nombre y con un billete ilimitado que dure hasta que volvamos a encontrarnos.

Y es cerrar los ojos e imaginarte asomado en el balcón de mi vida desde lo más bonito del firmamento. Es cerrar los ojos y sentarme de nuevo en tu regazo, enseñándome los números en portugués mientras el olor a pan recién hecho nos saludaba por la ventana.

Son tantas las cosas que se van a quedar a medio hacer y tantos recuerdos descolgados por tu ausencia que a veces me da miedo a vivirlas sin ti de la mano, aunque siempre me termino lanzando, pues dejé demasiados «te quiero» encerrados, los cuales no llegaste a escuchar y no pienso vivirlo una vez más.

Así que, déjame decirte que TE QUIERO
de aquí a la luna y sin vuelta atrás.

MÁLAGA

Vi pasar el tiempo a tu lado a la vez que recorría tu costa, saboreando los atardeceres caracterizados por una amplia gama de colores y dejando que la arena tostada se colase entre los dedos de mis pies. Sin duda, guardas más de una obra de arte, y no te hablo del Thyssen, sino de callejear admirando todas y cada una de tus siluetas, de elevarme a lo más alto con tan solo mirar a la catedral. Y es que no hay domingo que no empiece en calle Larios y termine en el muelle, allí donde los barcos parecen una atracción de feria para todos los turistas y allí donde las gaviotas reposan calmadas sobre las aguas saladas hasta que les ruge el estómago.

Tú que has sido testigo de todas mis tormentas, aunque el que mire por la ventana, no importa la hora ni el lugar, sabe que aquí pocas veces hace falta el abrigo y el paraguas. Tú, que sabes que ya no lluevo tanto como antes, pero que aún me hallo nublada y buscando la felicidad en unos charcos melancólicos. Recuerdo el día en el que el «no puedo» volvió a colarse en mi cena hasta hacer un revuelto de mis pensamientos y me advirtió que comprara una brújula, pues en el telediario predecían un fuerte oleaje, el cual me golpearía tan fuerte hasta desorientarme. Asustada y con una presión en el pecho a punto de estallar, salí de casa con las intenciones de situarme en lo más alto para que aquello por lo que había huido no me volviera a salpicar. Tomé asiento sin percatarme de lo que tenía delante, algo más grande que una brújula de supermercado, y lo que me provocó ser primavera en pleno otoño: tu faro.

Y una vez más, una preciosa metáfora, pero esta vez en mi ciudad, hizo que mis lágrimas brillaran en plena oscuridad…

MAREMÁGNUM

Sabes demasiado a agosto, a tierra húmeda y fértil para cultivar todas mis inseguridades en el orden que tú elijas y a una de esas palabras que tengo guardada como pin en Pinterest, con la que al doblar la esquina en un intento de desvestirme del pasado me topé de frente y no sabía a quién «echarle el muerto» hasta que apareciste en mis sueños, aun sabiendo que hace tiempo te puse una orden de alejamiento.

RAMÉ. Esa es la palabra, la cual viene a significar que algo es caótico y hermoso al mismo tiempo. Y tú, esencia de toda ella.

Me quería en tercera persona, pues para mí él lo era todo, empujando así al exilio al *yo*, allí donde la baja autoestima te va quemando poquito a poco por dentro, como aquellos chupitos de Jägger que intentaste venderme para cubrir el maremágnum de lamentos que llevábamos esculpidos en nuestros ojos y que a veces se dejaban ver en forma de cascada.

Donde no hubiera amor propio con el que lamerme las heridas y donde las invitaciones que me conducían al verbo olvidarte siempre terminaban transcribiendo su final por un «me» que me atravesaba hasta volver a romperme entre tus excusas.

Mi cuerpo, mis valores y lo que aún me quedaba de luz se percataron desnudos tirados en la esquina anhelando un auxilio que nunca llegó al permanecer atrapada bajo los escombros de tus intenciones más perversas sobre mi cama y que aún después de todo, de haber sido presa de tu ira, de tus sentidos contrarios a los míos, los cuales se desvivían en un «no» y en un «para» constante que nunca llegaste a interpretar, o tal vez sí, mas no los querías escuchar, dejé que parte de mis creencias, de mis principios, se consumieran con tal de tenerte y seguir viviendo en el «hogar» que me construiste bajo tu sombra y que yo veía como un paraíso del que nunca tendría que escapar, tal y como me lo relató mi dependencia aquella noche, con la que pacté hace tiempo que prescindiría de ella.

Y pensarás que por qué RAMÉ si no hay nada hermoso en estos versos;
lo cierto es que después de él supe cuidarme y, poco después de aquello,
amé la vida sin tener que precisar de nadie.

AMOR OMNIA VINCIT

Cuando el vuelo de las mariposas ya no alcance el cielo de tu estómago.

Cuando el «te echo de menos» no sostenga el dolor sobre su regazo y sea abrigo de tu ausencia.

Cuando pierdas el miedo a las dudas y las acaricies hasta comprenderlas.

Cuando sostengas el amor con las manos abiertas para que así permanezca, pues nadie puede resguardar a tu corazón de los tornados si los puños permanecen cerrados.

Cuando el «uno mismo» mantiene la posición delantera al «nosotros», el cual debemos observar desde el retrovisor.

Cuando el verbo cuidar recobre todas las conjugaciones y seas capaz de controlar sus acepciones hasta retratar el molde que da forma a lo que él es y a lo que somos ahora: un acto de amor que, aun con pétalos de afecto incrustados, decidimos que nos atravesara bajo el propósito de hacer las cosas bien, mientras la nostalgia besaba nuestro sentir.

Y es que, a partir de ahora, pasearemos por nuestros mundos con la libertad escurriéndose entre los dedos, mientras los anillos que abrazan a nuestros pulgares nos recuerdan nuestra lucha:
Amor Omnia Vincit.

EN PRIMERA PERSONA

Sé que entendernos nunca ha sido nuestro fuerte, que por más que mis palabras cogieran impulso para trepar hasta llegar a tus oídos, siempre terminaban escurriéndose hasta quedar en nada, pues si te digo la verdad, nunca has sido de los que se paran a escuchar. Lo sé. No lo ves, pues muchas veces para llevarte de un suspiro a una sonrisa, de un acantilado de dudas a un cielo despejado o para hacer de la bandera blanca nuestra sombra, uno necesita convencer a su propio orgullo para que se rinda. Porque cerrar los ojos no es suficiente para hacer desaparecer esa oleada de vaivenes que arde en tus adentros. No, eso no basta. Y nunca será suficiente si no pones el corazón encima de la mesa y te desprendes de aquellas ideas que te intoxican la mente cuando desgarran o manosean a su propio antojo lo que erróneamente llamamos realidad.

Espera. Escúchame y no digas nada. Al menos todavía.

Lo sé. Sé que tanto la piel como la mente envuelven miedos a veces difíciles de curar, miedos capaces de desmontar el camino que un día emprendieron tus sueños y el quién quieres ser. Miedos que son caos. Desorden. Miedos que te hacen sentir el abismo, haciéndote cosquillas sobre la punta de tus pies. O miedos que no comprenden que hay maneras de irse que no deberían existir y que la peor de todas ellas es que estos te despojen de la paz de sentirte tú mismo.

Ojalá esta vez sí me hayas escuchado. Ojalá hayas entendido que los miedos no se curan hasta que uno no aprende a cuidar sus ideas. Y no, no me lo invento, pues ya he sentido la amarga experiencia de haberlo vivido en primera persona.

RELOJ DE ARENA

Siete días. Seis para poder espantar a mis miedos y uno para dar paso al «me gustas» que se nos había quedado atascado entre el pecho y la garganta por vértigo a salir disparado por la boca, pues ninguno de los dos se atrevió a preguntar antes, aunque las ganas siempre estuvieran presentes bajo el paladar. Y sí, tal vez seamos un amor pendiente a la espera de coger el próximo tren cuya única parada sean tus labios para poder besarlos poquito a poco, hacer del trayecto uno más infinito y que no se quede a las puertas de la estación de Castellón un domingo a mediodía. Quién sabe, quizá nos volvamos a ver. Con los mismos ojos. Con el mismo apetito.

Excavaré desiertos para rellenar nuestro reloj de arena y hacerlo a prueba de tiempo. Porque, aunque lo que laten nuestros corazones, el uno por el otro, no se pueda sentir como un terremoto de magnitud diez en la escala de Richter, mi mente ha quedado empachada de tanto recuerdo bonito, y eso que siempre dejo a medias el plato de comida.

Lo sé. Sé que aún no tenemos una canción que nos defina, que mis ojos destiñen otoño y que tú prefieres los claros de un cielo azul de verano; ojalá algún día te des cuenta de que es a través de la mirada donde te encuentro. Donde consigo descifrar tus grietas. Donde logro ver a tus miedos pasar el rato en la antesala. Porque es un hecho, todos tenemos miedos, pero pocos son los que se atreven a mirar en los adentros y mimarlos como si fueran propios.

Quería que lo supieras. Que somos imperfectamente compatibles. Que a pesar de que dijimos de no mensajearnos, escribirte a estas horas me parecía buena idea mientras escucho *Mon Amour*, pensando en que ojalá lo próximo que alarme a mis oídos sea tu «¡va, María, despierta!» a las 3 p. m. del siguiente día.

Me llamo Estrella Terrón y nací el 25 de diciembre de 2002. Me he graduado en Periodismo en Málaga aunque, en realidad, las palabras siempre han sido mi hogar y los libros las llaves de mi casa. Porque no hay lugar que me guste más que junto a una chimenea, con una taza de té calentito y un buen sitio donde acomodarme y recostar mis letras sobre el papel. Me encanta la poesía y ser poesía al mismo tiempo.

El primer libro que me regaló mi madre fue uno de prosa poética y, sin saber lo que era, me enamoré de ella. Así que espero que te pase lo mismo cuando sostengas este libro en tus manos: que te enamores de mis letras, aun sin conocerme.

@amorincoherente